Bibliografische Information der Deutschen Nationalbibliothek:

Die Deutsche Bibliothek verzeichnet diese Publikation in der Deutschen National-bibliografie; detaillierte bibliografische Daten sind im Internet über http://dnb.d-nb.de/ abrufbar.

Impressum:

Copyright © 2009 GRIN Verlag, Open Publishing GmbH
Druck und Bindung: Books on Demand GmbH, Norderstedt Germany
ISBN: 9783640759415

Dieses Buch bei GRIN:

http://www.grin.com/de/e-book/137608/mitglieder-religioeser-sondergruppen-und-kulten-eine-besondere-problemstellung

Marcus Zeller

Mitglieder religiöser Sondergruppen und Kulten – eine besondere Problemstellung in der Beratungspraxis

GRIN Verlag

Mitglieder religiöser Sondergruppen und Kulten – eine besondere Problemstellung in der Beratungspraxis

1. Einleitung

Religiöse Rand- oder Sondergruppen und Kulte nehmen in der psychologischen Beratung eine Sonderstellung ein, die unter anderem darin begründet liegt, dass das einzelne Mitglied das Weltbild, welches seine Kirche oder Organisation jeweils vertritt, als einzig gültige „Wahrheit" verinnerlicht und oftmals vollständig internalisiert hat.
Die intellektuelle sowie seine emotionale Beurteilung seiner Wahrnehmung der Außenwelt sowie alle kognitiven und inneren Vorgänge sind untrennbar mit dem moralischen, ethischen und religiösen Verständnis seiner Kirche verknüpft.
Damit ergeben sich besondere Herausforderungen für die psychologische Beratung, da es unumgänglich ist, diese Besonderheiten zu berücksichtigen, möchte man als Berater effektive Hilfestellung bei dem Anliegen des Klienten leisten, der mit einer religiösen oder pseudo-religiösen Gemeinschaft verbunden ist.

Ich verzichte in meinen Abhandlungen bewusst auf den Begriff „Sekte", da er überwiegend negativ assoziiert ist und damit ein Urteil transportiert. Angesichts der Unmöglichkeit, den Begriff „Sekte" treffend und umfassend zu definieren sowie der Vielzahl der Organisationen mit religiöser Prägung oder Zielsetzung verwende ich einfach den Begriff „Gemeinschaft". Selbstverständlich können einige der thematisierten Symptome auch bei Mitgliedern der „etablierten" Kirchen auftreten oder in ursächlichem Zusammenhang mit ihren Problemen stehen.
Der Einfachheit halber verwende ich durchgehend den Begriff „Berater" im männlichen Singular bezogen auf die Funktion und nicht auf die natürliche Person.

2.1: Unterliegen Mitglieder religiöser Minoritäten einer „Bewusstseinskontrolle"?

Der nicht unumstrittene Begriff „Bewusstseinskontrolle" tauchte nach dem zweiten Weltkrieg auf und findet seither Anwendung auf verschiedenste Systeme. Da jeder Mensch naturgemäß Einflüssen seiner Umwelt unterliegt, stellt sich die Frage, ab wann man von einer gezielten Manipulation des Einzelnen oder einer Gruppe sprechen kann, bei der das Verhalten und die Einstellungen eines Menschen nachhaltig verändert werden, während der Betreffende überzeugt ist, *selber* Ursache dieser Veränderungen zu sein. Deshalb möchte ich zunächst dem Begriff „Bewusstseinskontrolle" Inhalt verleihen.

2.1.1: Begriffsdefinition „Bewusstseinskontrolle"

Unter Bewusstseinskontrolle versteht man „ein System von Einflüssen, mit dem die Identität des Individuums (seine Überzeugungen, sein Verhalten, sein Denken und Fühlen) …durch eine neue Identität ersetzt wird." (S. Hassan, S.25). Das System besitzt eine *Plausibilitätsstruktur*, die in sich völlig stimmig ist und sich selbst aufrechterhält (Quelle: Berger& Luckmann, 1980). Subjektive Irritationen und Unstimmigkeiten haben demzufolge immer ihre Ursache im Individuum, niemals aber im System. Es existiert i. d. R. ein internes Kontrollsystem wie z. B. die Verpflichtung der Mitglieder, „Verfehlungen" oder Regelverstöße der Führung zu melden, sowie geeignete Maßnahmen, derartig Verstöße zu ahnden (vgl. Deckert, S. 77).

2.1.2: Elemente der Bewusstseinskontrolle und Übertragung auf religiöse und pseudoreligiöse Gruppen

1.: **Verhaltenskontrolle:** Verhalten und Ziele werden formuliert, die die Freizeit beschränken; es findet eine Regulierung des Alltags mit Elementen der Gruppe statt. Es existiert eine hierarchische Struktur. Auffällig ist die sog. „Milieukontrolle", bei der die Kommunikation des Mitgliedes mit seiner Umwelt beschränkt oder vorgegeben wird. Die Demonstration von Konformität sichert das Ansehen innerhalb der Gruppe und wird als erstrebenswert idealisiert, womit die Unterdrückung von Zweifeln eine positive moralische Bedeutung erhält.

2.: **Gefühlskontrolle:** Durch die Glaubenslehre der Gruppe wird ein „Feindbild" geschaffen, das die Welt in „drinnen und draußen" unterteilt, der sog. „in-out-group Effekt". Das Gewissen des Einzelnen muss dem kollektiven weichen, welches die Doktrin zur alleinigen Wahrheit und dem göttlichen Maß-Stab erhebt. Dabei sind zwei Hauptgewichtungen erkennbar:

- *Glück*: Gemeinschaft nur innerhalb der Gruppe, Heilsversprechen bei Loyalität

- *Loyalität*: keine Kritik an der Führung, nur an sich selber

3.: **Informationskontrolle**: Hierbei wird der Zugang zu kritischer Information stigmatisiert oder dämonisiert (z.B. *Abtrünnige (ehemalige Mitglieder) sind grundsätzlich bösartig motiviert und nutzen geschickte Techniken der Irreführung; Literatur religiöser Art, die nicht von der Gemeinschaft stammt, ist „Speise am Tisch der Dämonen", wenn auch diese selber in ihren Schriften daraus zitieren*), Stückelung von Informationen, es existieren verschiedene Wahrheitsebenen innerhalb der Gemeinschaft. In Bezug auf eine christlich orientierte Glaubensgemeinschaft schreibt Raymond Franz: „Die Glaubensgemeinde wird vollständig isoliert und geistig abgeriegelt von allen biblischen Materialquellen, die nicht mit der Stimme der Organisation sprechen. Man sagt (ihnen), dass sei der einzige Weg, sie vor Irreführung zu bewahren. Das Ziel ist eine ansteckungsfreie Atmosphäre, in der die Ansichten und Auslegungen der Organisation zirkulieren können, ohne sich kritische Fragen stellen zu müssen." (Franz, S. 375). Es fehlt zumindest bezüglich der Glaubensdoktrin völlig an einer Diskussionskultur; abweichende Meinungen sind ein Zeichen von Stolz oder Unreife und führen schlimmstenfalls zur Isolation. Das führt dazu, dass das Mitglied seine eigene Urteilskraft latent in Zweifel zieht. Meist ist auch die Konsultation psychotherapeutischer Hilfe unterschwellig negativ assoziiert.

4.: **Gedankenkontrolle**: Die Ideologie der Gruppe wird als einzige gültige Wahrheit verinnerlicht, die göttliche Legitimation besitzt, außerdem ist eine Hauptaufgabe formuliert. Es existiert eine *geladene Sprache*, d.h. es gibt bestimmte (biblische) Begriffe, denen eine neue, Gruppeninterne Bedeutung zugewiesen wird und die z. T. komplexe Gedankenverbindungen assoziieren und damit die Realität vereinfachen, antizipieren oder etikettieren. Durch diese „kognitive Verschanzung" wird Kritik erschwert, Zweifel diskreditiert, nicht wahrgenommen oder geleugnet.

Noch differenzierter sind die Elemente der "Thought Reform" nach Robert J. Lifton (Lifton, Robert J. (1961): Thought Reform and the Psychology of Totalism), die sich wie folgt darstellen:

- *Milieukontrolle* – Es wird eine starke Abgrenzung zu Nichtmitgliedern gefordert

- *mystische Manipulation*, geplante Spontaneität (hierzu zählen Gruppenerlebnisse, deren psychodynamische Wirkung als „Geist Gottes" interpretiert wird, u. ä.)

- *Forderung nach Reinheit* (Dabei wird das Schuldgefühl des Menschen manipuliert und den Anforderungen und Interpretationen der Gruppe angepasst Das ist meist verbunden mit irgendeiner Form des Sündenbekennens) Eng damit verbunden ist ein

- *Bekennerkult,* der den Alltag und das Denken des Mitglieds beherrscht

- *heilige Wissenschaft*

- *geladene Sprache* („loadet language"). Hierbei werden Begriffe mit einer Kultinternen Bedeutung versehen.

- *Vorrang der Lehre vor dem Menschen.* Der Mensch muss seine Wahrnehmung der Doktrin unterordnen. Zweifel sind mit Schuld assoziiert. Es wird eine endlose Wiederholung von Schuld, Scham und Angst initiiert.

- *Dispensierung der Existenz* [Zu- bzw. Aberkennung des Existenzrechts]. Dieses Kriterium besagt, kurz gesagt, dass jeder, der nicht Teil der Gemeinschaft ist, implizit zur Welt des „Bösen" gehört. Eng damit verbunden ist meist die Angst vor dem Gericht Gottes.
(Quelle: „BITE- Modell" 2000 by Steven Hassan - veröffentlicht von Freedom of Mind Press, Somervill MA)

2.2:   Auswirkungen Bewusstseinsmanipulierender Faktoren auf den Einzelnen

Die gesamte Palette der Auswirkungen einer Bewusstseinskontrolle auf die Psyche ist sehr umfassend und eine eingehende Betrachtung würde den vorhandenen Rahmen sprengen. In jedem Falle entwickelt das Mitglied eine neue Identität, ein „neues Selbstverständnis, auf Basis der Heilstheorie und der Gruppenbedürfnisse" (H. Stamm, S.98). Vorweg muss auch unterschieden werden, ob das Mitglied geworben wurde oder innerhalb der Gemeinschaft aufgewachsen ist. Im letzteren Fall kommt es häufig zu einer Identitätsdiffusion.

2.2.1: Identitätsdiffusion

Identitätsdiffusion beschreibt das Problem der Zersplitterung der eigenen Ich-Identität (Selbstbild). Sie beruht auf den Zweifeln der eigenen z. B. ethnischen, sozialen oder geschlechtlichen Identität entstanden durch Unsicherheiten im eigenen Handeln und Entscheidungen bzw. Orientierungslosigkeit.

Es sind Unsicherheiten in Bezug darauf, ob der „richtige" Weg gewählt wurde oder Ängste, nicht zu wissen zu wem man sich in der Zukunft entwickelt oder auch welche Werte und Normen als die eigenen übernommen werden sollen. Diese Diffusion betrifft die meisten Jugendlichen und löst sich im Laufe einer normalen Entwicklung auf. Jedoch in extremen Fällen kann eine Nichtbewältigung von latenten Krisen zu ernsthaften Entwicklungsstörungen führen, die sich erst im frühen Erwachsenenalter bei der Ausübung von sozialen Interaktionen (Intimität) aufzeigen.

Der von *Erikson* erwähnte Prozess der Integration in Gleichaltrigennetze, der für die Individuation sowie die sozialkognitive Entwicklung Heranwachsender maßgeblich ist, kann durch die geforderte elementare Abgrenzung von Andersgläubigen erheblich gestört werden.
Insbesondere das Erfahrungsfeld **Peer Group** ist aus sozialisatorischer Perspektive wichtig für die Entwicklung der Selbstdefinition und des Selbstverständnisses sowie einer eignen Moral- und Wertvorstellung.

In totalitären Organisationen und manipulativen Gruppen ist diese Entwicklung gehemmt. Der Betreffende hat auch im Erwachsenenalter nur einen begrenzten Zugang zu seinen innersten Wünschen und ist oft unfähig, diese, sofern bewusst, anzuerkennen oder zuzulassen. Dies kann im Extremfall zu einer dissoziativen Persönlichkeitsstörung führen.

Der Berater sollte in dieser Hinsicht verstehen, dass das Kultmitglied viele seiner Gedanken und Gefühle von vornherein nicht zulässt oder zumindest bewertet und gegebenenfalls als „böse" brandmarkt. Durch einfühlsames Fragen kann man den Klienten möglicherweise erkennen lassen, dass es sich bei gewissen Gefühlen um *konditionierte* und nicht um *authentische* Reaktionen handelt und ihm damit einen Zugang zu seinem Selbst zu verhelfen.

2.2.2: Selbstwahrnehmung

Ähnlich wie bei der Identitätsdiffusion ist die Selbstwahrnehmung durch die Glaubensdoktrin der Gemeinschaft derart geprägt, dass der Betroffene sich dauernd an diesem fremdbestimmten und verallgemeinernden Maßstab misst. Bei geworbenen Mitgliedern kann man beobachten, dass die Lebensgeschichte in der Zeit vor dem Beitritt zur Gemeinschaft dahingehend umgedeutet wird, als dass sie als vergeudet, unrein oder sinnlos hingestellt wird. Erst durch den Beitritt in die Gemeinschaft erhielt man Aussicht auf Erlösung, Perspektive, wahre Freunde, etc. In der Folge dessen nimmt der Betroffene sich selbst als unzureichend wahr, er verdankt seinen (Lebens-) Wert der Zugehörigkeit seiner Kirche oder Gemeinschaft. Er fühlt sich angewiesen auf die Lenkung durch die geistige Führung seiner Gruppe. Das innere Bewusstsein wird zum Spiegelbild der Gruppenideologie. Um die Führerschaft hingegen herrscht eine Aura aus Bedeutung, Vollkommenheit, sodass der Einzelne im blinden Vertrauen seine Verpflichtung zum Gehorsam anerkennt (Vgl. Underwood, S.240).
Darüber hinaus ist die Annerkennung und damit auch die Liebe innerhalb der Gruppe *bedingt*. Der Einzelne erfährt diese nur, wenn er den Anforderungen der Ideologie entspricht. Die Mitglieder lernen, dass ihr Wert als Mensch für sich alleine unzureichend ist; erst durch ihre Haltung zur Ideologie und die damit verbundene Leistung erleben sie sich als „würdig". Die Selbstachtung kann also weitestgehend vom Grad der Integration des Betreffenden abhängig sein (Vgl. Stamm, S.82).
Der Berater kann helfen, indem er das Vertrauen eines betroffenen Klienten in sein eigenes Urteilsvermögen stärkt, möglicherweise mit Bezugnahme auf dessen Fachwissen, Sozialkompetenz oder Lebenserfahrung.

2.2.3: Entwicklungshemmung

Auch bei diesem Punkt finden sich Parallelen zur Identitätsdiffusion. Bedingt durch die reglementierte Weltsicht durch die Autorität der Gemeinschaft hat das Mitglied sehr wahrscheinlich gewisse Merkmale seiner Persönlichkeit sowie Interessen und Ambitionen im Allgemeinen unterdrückt. Dadurch hat es sich der Möglichkeit beraubt, durch die Ausübung dieser Betätigungen, sei es beruflich, geistig oder freizeitlich, sein Selbstwertgefühl zu steigern und seine Ich-Identität selbstbestimmt zu formen. Teilweise offensichtliche Potentiale liegen brach.
In der Beratung sollte man berücksichtigen, dass der Klient möglicherweise eine Reihe von Interessen oder Ambitionen, gegen die an sich nichts einzuwenden ist, als nicht wünschenswert, „weltlich" oder hinderlich betrachtet.

2.2.4: Wahrnehmungsverzerrungen

Unter religiösen Gruppen ist eine Wahrnehmungsverzerrung am häufigsten: die Stereotypisierung. Aufgrund des umfassenden Lehrgebäudes solcher Gruppen, welches kein Thema unerklärt lässt, stehen dem Mitglied zu jeder Situation Erklärungsmodelle bereit. Es werden Deutungsmuster gebildet, die scheinbar alle Bereiche des Lebens abdecken. Damit wird, wie erwähnt, die vieldimensionale Realität auf ein einfaches Grundmuster reduziert und weiteres Hinterfragen und ein tieferes Durchdringen der Problematik verhindert. Die Wahrnehmungsverzerrung dient also im Prinzip dem Erhalt des Selbstwertes.

Dem Klienten zu helfen, an für ihn ungewohnter Stelle weiter zu hinterfragen, kann seinen Blickwinkel erweitern. Der Berater sollte auch bemüht sein, das (eingeschränkte) Weltbild des Klienten für diesen spürbar zu akzeptieren, da es sonst zu einer Urteilsstabilisierenden Interaktion des Klienten kommen kann, was seiner weiteren Öffnung im Wege stehen würde.

2.3: Motivationen

Das Unverständnis des Beraters, warum jemand einer religiösen oder ähnlichen Rand- oder Sondergruppe angehört, kann ein Hindernis für eine erfolgreiche Beratung sein. Es folgt ein kurzer Abriss über die häufigsten Motivationen, die zum Beitritt und Verbleib in einer der thematisierten Gemeinschaften führen.

2.3.1: vereinfachte Realität und Sinn

Allen Gruppierungen religiöser Natur ist der Umstand zu Eigen, dass sie ihre Anhänger in gewissem Maße von ihren Alltagssorgen und Zukunftsängsten und damit von innerer Unsicherheit befreien. Das Leben erhält einen tieferen Sinn und wird transzendiert, Vergänglichkeit wird relativiert. Die Welt wird aufgrund scheinbar logischer und eingängiger Glaubenssätze überschaubar und transparent. Ein Gefühl, eine Gewissheit der Sicherheit stellt sich ein. Diese zunächst positiv zu bewertende Tatsache birgt aber die Schwierigkeit, dass die Wirklichkeit auf gefährliche Weise zurechtgestutzt wird. Teile der Realität werden ausgeblendet oder fehlinterpretiert. (vgl. Stamm, S.111).
Auch der Umstand, dass sämtliche Widersprüchlichkeiten des Lebens aufgehoben zu sein scheinen, ist eine zentrale Kraft, sich einer religiösen Gemeinschaft anzuschließen.
Die kollektive Meinung, die adaptierte und internalisierte Sichtweise scheint inhärent das Gefühl der absoluten Sicherheit und Wahrheit mitzuliefern. Abweichende Ansichten oder kritisches Infragestellen müssen Aufgrund dieser Wahrnehmungsweise von vornherein falsch sein. Der Konformismus wird als freiwillig erlebt, anders denkende sind Opfer von Irreführung, Vertrauensmangel oder Stolz. Aus Einheit wird Einförmigkeit.

2.3.2: soziale Bindung

Das Gefühl von Zugehörigkeit und Geborgenheit kann ein starker Auslöser sein, sich einer religiösen Gruppe anzuschließen. Manche Gemeinschaften überschütten Aspiranten mit Aufmerksamkeit und Zuwendung, dem so genannten „love- bombing". Das Ich- Gefühl wird durch das Zugehörigkeitsgefühl aufgewertet. Zudem bietet die Gemeinschaft oftmals Möglichkeiten der Profilierung, die einem im rauen Wettbewerb des Alltags versagt bleiben: So kann es vorkommen, dass ein einfacher Gebäudereiniger oder Fabrikarbeiter innerhalb einer Gemeinde ein angesehenes Amt und Autorität bekleidet. Allerdings darf nicht außer Acht gelassen werden, dass die gruppeninterne Vertrautheit *bedingt* ist; sie ist gebunden an die Loyalität zur Ideologie. Eine kritische Haltung wird als glaubenszersetzend angesehen und macht damit tiefe Freundschaften auf ganzheitlicher Ebene unmöglich, da Kritik an der Führung oder Lehre Tabu ist. Kulte bieten eine künstliche Vertrautheit, die auf einer gemeinsamen ideologischen Identität beruht (Vgl. Underwood, S.244).
Aus Angst vor dem Verlust enger Beziehungen werden Zweifel in privatem Rahmen meist nicht thematisiert. Tiefgehende Gespräche über emotionale Inhalte sind selten. Durch die latente Konformität werden nur Konversationen als positiv angesehen und angestrebt, die sich innerhalb des Glaubenskontinuums bewegen; dadurch bleiben solche Gespräche oft an der Oberfläche oder drehen sich um Vorgänge, Fakten, alltägliches und banales.

Der Berater muss berücksichtigen, dass ein Klient mit Kulthintergrund einer Selbstexploration möglicherweise skeptisch gegenübersteht. Vielleicht findet er nur schwer Zugang zu seinen authentischen Gefühlen oder glaubt, der Berater könne als Außenstehender nicht nachvollziehen, was ihn bewegt. Es ist hilfreich, dem Klienten zu vermitteln, dass *alle* seine Empfindungen zulässig sind und Beachtung verdienen.

2.3.3: weitere Motive

Nicht unerwähnt sollte die Identitätsstiftende Funktion religiöser Sondergemeinschaften bleiben. Der einzelne wird von der Aufgabe befreit, seine Individualität eigenverantwortlich auszuformen. Er wird zudem von der Verantwortung befreit, seine Aufgaben für die Gesellschaft wahrzunehmen, da sie durch die Gruppe definiert werden. Schlussendlich gibt er die Verantwortung für die Gestaltung seines Lebens in die Regie (oder vermeintlich göttliche Führung) der Gemeinschaft ab (vgl. Vogt, S. 118). Auch die überwältigende Vorstellung, ja Überzeugung, im Auftrag Gottes aktiv zu sein, zu einer Elite zu gehören, die die wahre Erkenntnis oder das wahre Heil erlangt hat oder erlangen wird, hat einen nicht zu unterschätzenden Reiz, der viele in ihrer Gemeinschaft hält (vgl. Stamm, S.92). Dabei sollte erwähnt werden, dass es kein spezielles Persönlichkeitsmuster gibt, welches für die Zugehörigkeit in einer Sondergemeinschaft besonders anfällig wäre; auch die Intelligenz ist hierfür nicht ausschlaggebend (Vgl. Köppel, S.203).

3.1: Wenn der Zweifel kommt

Sollten sich in einem Mitglied einer Gemeinschaft in irgendeiner Form Zweifel breit machen, so ist es gehalten, sich an Autoritätspersonen innerhalb seiner Gemeinde zu wenden, mehr in den internen Publikationen zu „studieren", zu beten oder aber die gruppentypischen Aktivitäten zu forcieren. Unlust, Zweifel oder abweichende Vorstellungen oder Einstellungen werden i.d.R. als „Glaubensschwäche" gedeutet.
Laut Erhard Meueler hat eine Krise ihre Ursache im „Verlust eines Zaubers, den Verzicht auf eine gehätschelte Illusion von Sicherheit und ein angenehmes Selbstgefühl" (ebd. S32). Durch die Deutungsmuster ist festgelegt, wie Probleme gesehen und angegangen werden. Kommt es zu Zweifeln bei einem Mitglied, die sich nicht ausräumen lassen, greifen diese Deutungsmuster nicht mehr und der Betroffene erlebt kognitive Dissonanz.

3.1.1: Kognitive Dissonanz

Der Begriff wurde von Leon Festinger definiert und bezeichnet „einen als negativ empfundenen Gefühlszustand, der durch nicht miteinander vereinbare Kognitionen – Wahrnehmungen, Gedanken, Meinungen, Einstellungen, Wünsche oder Absichten – entsteht. Dieser Zustand motiviert Personen, die entsprechenden Kognitionen miteinander vereinbar zu machen, wobei unterschiedliche Strategien benutzt werden, wie beispielsweise Verhaltensänderungen oder Einstellungsänderungen (Rechtfertigungen)" (Quelle: Wikipedia). Bezogen auf die spezielle Problemstellung bedeutet das, dass Lehre, Glaubenspraxis und Glaubensleben mit allem anderen Erlebten und der subjektiven Welt übereinstimmen sollte und, falls nicht, Mechanismen zur Dissonanzreduktion zum tragen kommen.

Das bedeutet, dass Menschen konsonante Kognitionen als angenehm empfinden und daher aktiv suchen. Daher versuchen Gruppenmitglieder, dissonante Informationen zu vermeiden (Seeking-and-Avoiding-Hypothese). Meist wollen Angehörige einer religiösen Sondergruppe keinerlei kritische Informationen zu ihrer Organisation, auch wenn diese noch so gut fundiert sind. Die Folge des geschilderten Verhaltens ist die selektive Wahrnehmung von Informationen, also beispielsweise von dargebotenen Medieninhalten. Menschen neigen demnach, einmal getroffene Entscheidungen zunächst beizubehalten oder zu rechtfertigen (nach Charles Kiesler). Deshalb werden alle neuen Informationen, die zur Glaubensideologie in Widerspruch stehen, tendenziell abgewertet, während alle konsonanten Informationen tendenziell aufgewertet werden. Erst wenn die durch die Dissonanz erzeugte innere Spannung zu groß wird, also die individuelle Toleranzschwelle überschreitet, ändert der Betroffene seine Haltung und öffnet sich neuen Denkmodellen oder Fakten.

Eine weitere Möglichkeit der Dissonanzreduktion besteht in sog. Gedankenstopp – Techniken.

Der Gedankenstopp verhindert in diesem Fall, dass man sich intensiv mit Geschichte, Lehre und Praxis der Gemeinschaft oder mit der exegetischen Plausibilität einer konkreten Bibel- oder Glaubensauslegung beschäftigt, denn dies "spielt ja alles keine Rolle, solange man treu bleibt". Gedankenstopp-Techniken helfen dabei, die als *unanfechtbare Wahrheit geltende Ideologie* eines totalitären Glaubens- oder Gedankensystems nicht zu sehr zu hinterfragen. Wer sich mit den gängigen Erklärungen und Antworten nicht zufrieden gibt, wird dazu angehalten seine diesbezüglichen Gedankenströme zu stoppen und sie in "positive", konstruktive und "gottgefällige" Bahnen zu lenken.

Zweifel eines Mitgliedes sind immer „persönliche Zweifel". Der Gegenstand des Zweifels bleibt damit immer unberührt. Der Betreffende fühlt sich allein durch das Vorhandensein des Zweifels schuldig. Darüber hinaus lernt er dadurch, seiner Wahrnehmung zu misstrauen (Vgl. Deckert, S. 175).

Dem Berater sollte bewusst sein, dass ein Aufbrechen der Plausibilitätsstruktur, sprich der Glaubensdoktrin, erst im Falle einer ausreichend starken kognitiven Dissonanz möglich ist und sollte dieses Aufbrechen zunächst *nicht* als Ziel ansehen. Äußert der Klient Zweifel oder Unzufriedenheit über seine Glaubensgemeinschaft, so kann dies als Basis genutzt werden, seine mentale Autonomie zu stärken.

3.1.2: „Der Wohlfühlfaktor"

Durch das dichotome Denken innerhalb eines Kultes wird alles Schlechte wie erwähnt in die „Welt" außerhalb der Gruppe projiziert. Die damit verbundene geistige und tatsächliche Isolierung bringt es naturgemäß mit sich, dass das Mitglied sowohl sein soziales Netz als auch sein persönliches Glück ausschließlich innerhalb der Gruppe sucht und etabliert. Nicht selten kommt es zu einer psychischen Abhängigkeit vom Kult. Das Mitglied fühlt sich ohne die Zukunftserwartung, die durch den Kult formuliert wird, ohne Hoffnung.

Kulte nähren die Illusionäre Ansicht, ihre Anhänger könnten ein sorgenfreies „gottgefälliges" Leben erreichen, indem sie einfach den Anweisungen und Lehren ihrer Organisation folgen. Diese Illusion kann nur auf Kosten einer lebenslangen ständigen Unterwerfung unter Indoktrinationen und durch eine dauernde Routine von Tätigkeiten aufrechterhalten werden. Abweichungen produzieren Schuldgefühle (Vgl. Franz, S. 557).

Überdies bietet der Kult die Möglichkeit der Flucht vor einer unangenehmen Realität: das kann Sinnfragen betreffen, die unbeantwortet bleiben könnten, aber auch lebenspraktische Aspekte wie die Möglichkeit einer beruflichen Karriere, die durch die Naherwartung einer Erlösung überflüssig wird. Die Heilslehre wird zum übergeordneten Prinzip, mit dem sich der Einzelne identifiziert, auch wenn die damit verbundenen Erwartungen nicht eintreffen. Die Rolle, die der Gläubige spielt, ist nicht länger Schnittpunkt zwischen Glaubensdoktrin und Individuum – die Rolle ist das Wesen und Gegenstand der Identität *an sich*. Durch die Glaubenspraxis, beispielsweise dem Missionieren, haben Mitglieder das Gefühl, Aspekte des Heilsprinzips selbst zu erfahren, wobei sie nicht realisieren, dass sie sich selbst manipulieren (vgl. Stamm, S.107). Die überwältigende Idee, einem göttlichen Auftrag zum Wohle der Menschen zu dienen, schließt von vornherein die Möglichkeit aus, sich davon kritisch zu distanzieren. Das entspräche einem Selbstbetrug, einem irrationalen oder „egoistischem" Denken.

Oftmals wird Anhängern von ihren Glaubensgemeinschaften ein düsteres Bild von Aussteigern gemalt: angefangen von persönlichen Krisen bis hin zur Drogen- oder Alkoholabhängigkeit sind verschiedene Szenarien die wahrscheinliche Folge vom Verrat an der Glaubensgemeinschaft, bzw. an Gott.

3.2 Abwehrmechanismen

Wie bereits angeklungen, bedarf ein totalitäres Glaubenssystem gewisser Strategien, um die Integrität seiner Struktur aufrecht zu erhalten und zersetzende Einflüsse fern zu halten. Im Folgenden seien einige erwähnt. In Anlehnung an die Wirkungsweise der *kognitiven Dissonanz* sind diese Strategien als *Dissonanzreduktion* anzusehen.

3.2.1 Heuristiken

Symptomatisch für geschlossene Glaubenssysteme sind *Urteilsheuristiken.*
Zum Begriff: Heuristik ist eine Strategie zur Lösung eines Problems, eine einfache Regel, die auf verschiedene Situationen angewendet werden kann (z.b. "Im Bio-Laden gibt's nur gesunde Sachen"). Durch dieses Kategoriesystem lassen sich Informationen aus der Umwelt schnell einordnen, es wird eine gewisse Klarheit erzeugt. Bezogen auf die Wahrnehmungsverzerrungen eines Kultmitgliedes führen sie zu Verstärkung des in-out-group Effektes. Außerdem entstehen Scheinkorrelationen, d.h. es werden Zusammenhänge und Kausalitäten erkannt, wo keine sind (Aronson, Sozialpsychologie).

3.2.2 Schuld

Besonders bei Religionsgemeinschaften, die sich auf die Bibel stützen, ist das Thema Schuld und Sünde stark vertreten; man kann sogar sagen, dass es für diese Gemeinschaften elementar ist. Da es nach der Lehre dieser unabdingbar ist, sich seiner Sündhaftigkeit andauernd bewusst zu sein und eine Erlösung ein unablässiges Bekennen dessen erforderlich macht, wird das Selbstwertgefühl des Einzelnen untergraben. Es verursacht langfristig ein Gefühl des Ungenügens und Versagens.
Damit wird die Schuld zum Motor für geforderte Aktivitäten der Gemeinschaft, die Gnade und Liebe Gottes ist an den eigenen Fleiß gebunden, denn daran ist erkennbar, wie stark der Glaube ist.
Demut wird als erstrebenswerte Eigenschaft idealisiert, wobei oftmals nur das Gefühl der Minderwertigkeit kaschiert wird. In manchen Fällen kann diese regressive Charakteristik dazu führen, dass der Einzelne nicht fähig ist, wirklich Verantwortung für seine Lebensgestaltung selbst zu übernehmen und krampfhaft nach (religiösen) Vorschriften, Regeln und Autoritäten sucht, die ihm das abnehmen (Vgl. Kirchmayr/Ringel, S.32).

3.2.3 Reinheit

Eng verbunden mit der Schuld ist die Forderung nach Reinheit. Erich Fromm sieht in kirchlichen Autoritäten eine entfremdende Kraft; die „Mitte des Menschen liegt nicht in ihm selbst, sondern in der Autorität, der er sich unterwirft" (Fromm, S.119).
Vertrautheit und Identität beruhen auf gemeinsamer Ideologie. Diese fordert vom Einzelnen seinen Beitrag dazu. Dieser besteht darin, ebendiese Ideologie uneingeschränkt und kritiklos zu unterstützen, denn alles davon Abweichende wäre ein „Teil der Welt Satans", „unabhängiges Denken" oder ähnliches. Der Einzelne erlebt sich selbst nur dann als integer und der Gunst Gottes würdig, wenn er der Definition der jeweiligen Gemeinschaft von Reinheit (oder besser Angepasstheit) entspricht. Er unterliegt ständig einer inneren Zensur, die alle seine Gedanken und Gefühle moralisch bewertet und damit zum Teil viel zu voreilig erstickt.

Der Berater ist gefordert, solche Vorgänge zu erkennen und nötigenfalls auf einen Zugang zu diesen Emotionen hinzuarbeiten.

3.2.4: Compliance

Compliance bezeichnet eine Motivationsstruktur, die auf Vermeidung von Strafe bzw. durch Aussicht auf Belohnung beruht. Alle totalitären Glaubenssysteme weisen dieses Merkmal mehr oder weniger deutlich auf. Die Mitglieder erwarten ihr Glück und ihr Heil in der Regel nicht im Hier und Jetzt, sondern in einer durch die Doktrin formulierten Zukunftsvision.
Ein weiteres Merkmal der *Compliance* ist der Umstand, dass der Wunsch nach Gruppenzugehörigkeit über die eigene Wahrnehmung und Beobachtung gestellt wird. Die Struktur des Denkkollektivs bringt es also mit sich, dass widersprüchliche Kognitionen des Individuums gar nicht als solche wahrgenommen werden, sondern voneinander getrennt bleiben (z.B. gilt ein bestimmtes Denkelement als Glaubenssache, ein anderes als Wissenssache. Vgl. Deckert, S.39).
Nach der *Theorie des Engagements* nach Charles Kiesler schafft das *Selbstkonzept* seine Vergangenheit und Wirklichkeit ständig neu, um Stabilität in der Gegenwart zu gewährleisten. Damit ist die Bindung an die Gruppe notwendig, um die Plausibilität des eigenen Handelns zu erhalten: immerhin hat man sich ihr (subjektiv) freiwillig angeschlossen.
Bestandteile der Überzeugung oder der Lehre werden zudem dogmatisiert und damit gegen das Risiko des Scheiterns abgesichert. Die zweifelsfreie Letztbegründung ist eine nicht zu hinterfragende Autorität, meist Gott und/oder dessen autorisierter Kanal.
Die *Compliance* macht ein Kultmitglied immun gegen dialektische Kritik an seinem Glaubenssystem. Alleine schon durch den Gedanken an eine kritische Auseinandersetzung mit Glaubensinhalten wird ein schlechtes Gewissen erzeugt. Der Betreffende befindet sich in einer „kognitiven Verschanzung".
Der Berater kann, wenn er solche Neigungen erkennt, dem Klienten deutlich machen, dass das Zulassen gewisser Fragestellungen nicht automatisch ihre Annahme bedeutet.

3.2.5 Reaktanz

Der Mensch verteidigt seine *Einstellungen* erst einmal grundsätzlich, ohne Berücksichtigung ihrer Plausibilität, denn es geht um das Recht, seine Einstellungen zu bewahren, also um seine subjektive Integrität.
Deshalb muss der Reiz, eine Einstellung überhaupt zu hinterfragen, sehr stark sein. Darüber hinaus muss die betroffene Person gewisse Faktoren mitbringen, z. B.
- die Bereitschaft, relevante Informationen überhaupt aufzunehmen
- der Informationsübermittler muss als kompetent, glaubwürdig, mächtig und/oder attraktiv empfunden werden
- die Informationen müssen eine affektive Komponente haben, also einen lebensanschaulichen Bezug
- die Informationen dürfen nicht zu stark von den bestehenden Einstellungen der Zielperson abweichen.

Versuche der Beeinflussung oder Aufklärung erzeugen **Reaktanz**, d. h. zur Ablehnung. Das ist insbesondere der Fall, wenn die Beeinflussungsversuche als zu massiv empfunden werden.
Die Psyche reagiert hier selbsterhaltend und tendenziell konservativ; in diesem Falle kann es zu innerem oder tatsächlichem Widerstand gegen die Beeinflussungsversuche oder Inhalte kommen, sowie zu einer *Aufwertung* der angegriffenen Einstellung.

Berücksichtigt der Berater das, wird er es (auch im Sinne der Klientenzentrierten Gesprächsführung nach Rogers) vermeiden, auf die *Einstellungen* seines Klienten einwirken zu wollen. Kultmitglieder reagieren wahrscheinlich sensibler und weniger tolerant auf Meinungsäußerungen anderer bezüglich ihrer Situation als Personen ohne diesen speziellen Hintergrund.

4.1 Aussteiger in der Beratung

Eine völlig neue Herausforderung an den Berater stellt die Konfrontation mit einem Kultmitglied dar, welches im Begriff ist, seine Gemeinschaft zu verlassen, dies bereits getan hat oder von der Gemeinschaft ausgeschlossen wurde. Gerade letztgenannter Fall kann traumatische Auswirkungen haben und der Berater sollte hier besonders darauf bedacht sein, seine Kompetenzen nicht zu überschreiten. Im Zweifelsfalle ist hier therapeutische Hilfe gefragt und/oder die Hinzuziehung entsprechender Beratungsstellen, die sich mit den kultspezifischen Problemstellungen auskennen und fachliche Hilfestellung bieten können.
Zunächst aber sollte der Berater über mögliche Symptome informiert sein, die einen Ausstieg begleiten können.

4.2 Mögliche Symptome der Ausstiegsproblematik

Michael Langone führt in seinem Buch „Recovering from Cults" eine Reihe z. T. psychopathologischer Symptome auf, die die Trennung von einem Kult mit sich bringen kann. Ich beschränke mich im Folgenden auf die häufigsten.

- *Flashbacks* sind affektive Rückfälle in die Emotionsbefrachtete Denkweise des jeweiligen Kultes. Diese können von einigen Sekunden bis zu Stunden dauern und reichen von euphorischen bis hin zu depressiven oder ängstlichen Stimmungen.
- *Perspektivlosigkeit.* Ehemalige wissen nach ihrem Austritt nicht, was sie in „dieser Welt" wollen und sollen. Es müssen mühsam neue Perspektiven erarbeitet werden.
- *Schuldgefühle* treten auf, weil sich der Betroffene von Gott verurteilt fühlt. Möglicherweise schämt er sich aber auch, überhaupt in einen Kult hineingeraten zu sein.
- *Sorge* um im Kult verbleibende Angehörige, aber auch wegen des Verlusts des sinnvoll empfundenen Engagements für ein hohes Ziel
- *Isolationsempfindungen.* Ehemalige haben oft das Gefühl, dass niemand ihre Lage verstehen kann, insbesondere betrifft das ihre Familien, sofern diese in den Kult eingebunden sind.
- *Dichotomes Denken.* Die Tendenz, nur „Schwarz- weiß" , also in Extremen zu denken entspringt der vereinfachten Weltsicht von Kulten. Der Aussteiger muss lernen, „Grautöne" wahrzunehmen, um der Komplexität des Daseins gerecht zu werden.
- *Einsamkeit.* Da Kultmitglieder i. d. R. gehalten sind, ihre Bekanntschaften nur innerhalb der Glaubensgemeinschaft zu unterhalten, kollabiert das soziale Netz meist mit dem Ausstieg. In Verbindung mit einem
- *Schwachen Selbstvertrauen* hat das oft dramatische Konsequenzen: Der Betroffene hat große Schwierigkeiten, neue Kontakte zu knüpfen oder überhaupt offen auf andere zuzugehen. Außerdem hat er im Kult über einen langen Zeitraum hinweg gelernt, seiner eigenen Wahrnehmung zu misstrauen und/oder sich schwach, nutzlos oder schuldig zu fühlen.
- *Floating.* Dem Floating liegt der Verlust einer stabilen Weltanschauung zu Grunde. Das hieraus entstehende geistige Vakuum muss gefüllt werden.
- *Angstsymptome.* Die meisten Kulte prophezeien Aussteigern eine Reihe schlimmer Konsequenzen. Auch das Gefühl, versagt zu haben und dem göttlichen Strafgericht ausgeliefert zu sein kann zu großer Angst führen, die in einer Depression münden kann.
- *Wut und Ärger* gegenüber der Gruppe, deren Führern, Mitgliedern oder aber auch gegenüber sich selbst.

Der Berater steht vor der Herausforderung, solche Symptome zu erkennen und dem Klienten zu helfen, sich ihrer bewusst zu werden.

4.3 Die Grenzen der Beratung

An der vorangehenden Symptombeschreibung lässt sich unschwer erkennen, dass zumindest bei *Kultaussteigern* therapeutische Hilfe notwendig werden kann. Hierzu bieten sich, wie bereits erwähnt, auch örtliche Beratungsstellen an, die sich speziell mit diesem Problemfeld befassen und sich in den kultspezifischen Strukturen auskennen. Der Berater sollte den Klienten darüber informieren, wenn deutlich wird, dass dieser massive Probleme in diesem Bereich hat.

Gegenteilig stellt sich natürlich die Situation dar, wenn der Klient beispielsweise Schwierigkeiten damit hat, Angehörigen und Freunden seinen *Beitritt* zu einer Gemeinschaft näher zu bringen. Sein soziales Umfeld reagiert darauf möglicherweise mit Unverständnis oder starker Ablehnung, meist begründet in der Angst, den Betreffenden an „eine Sekte zu verlieren". Der Betreffende muss sich darüber klar werden, dass konfrontatives Verhalten die Kluft nur vergrößert. Beide Seiten müssen in diesem Falle an einer offenen und vertrauensvollen Haltung arbeiten und vermeiden, die Position des jeweils anderen abzuwerten. Hier ist Hilfestellung im Erarbeiten konstruktiver Kommunikation gefragt, wobei der Berater besonders auf Neutralität bedacht sein sollte (Vgl. Rohmann, s. 89).

Natürlich liegen nicht alle Probleme eines Klienten automatisch in seiner Zugehörigkeit zu einer bestimmten religiösen Gemeinschaft begründet. Im Gegenteil; oftmals bietet die Gemeinschaft Halt, Perspektive, Inhalt und auch echtes Glück- vorausgesetzt, das Mitglied fühlt sich wohl. Nicht jeder Kult hat totalitäre oder repressive Züge. Hier die Spreu vom Weizen zu trennen ist nicht Gegenstand dieser Arbeit und es ließe sich auch nicht vollständig und allgemeingültig festlegen. Es wäre zu weit gegriffen, jedem Mitglied einer solchen religiösen Gemeinschaft die persönliche Authentizität abzusprechen. Der Berater sollte sich also davor hüten, vorschnell eine Kultmitgliedschaft ursächlich für die Problemstellungen eines Klienten anzunehmen.

Die oben behandelte Frage, ob Mitglieder religiöser Sondergemeinschaften unter einer gewissen Manipulation stehen, spielt natürlich auch eine Rolle, wenn es um die Grenzen der Beratung geht. Der Grad der Bewusstseinskontrolle weist natürlich unterschiedliche Intensitäten auf. In jedem Falle ist damit zu rechnen, dass ein Kultmitglied die Integrität des Glaubens- und Lehrgebäudes seiner Gemeinschaft höher gewichten wird als seine persönliche Wohlfahrt, die er nur in Abhängigkeit seiner Konformität mit seinem Glaubenssystem erwartet. Der Berater ist gefordert, die förderlichen Aspekte der Kultzugehörigkeit zu extrahieren. Gemeinschaftsgefühl, soziales Engagement, Fürsorge für Bedürftige, hohe moralische Werte und dergleichen Dinge, auf die seine Gemeinschaft Wert legt, können ein guter Ansatzpunkt sein, dem Klienten adäquate Hilfestellung zu leisten.

Zusammenfassung

Mitglieder religiöser Sondergruppen und Kulte stellen eine nicht unerhebliche Herausforderung für den Berater dar. Der Umgang mit betroffenen Personen erfordert ein überdurchschnittliches Maß an Empathie und Toleranz. Überdies sollte der Berater in der Lage sein, evtl. vorhandene eigene Vorurteile zu erkennen und zu neutralisieren.
Kultmitglieder sind in ein komplexes Werte- und Denksystem eingebunden, welches kein Lebensbereich unberührt lässt. Änderungen im Denken, Handeln und in der Bewertung der eigenen Person können bei konformen Gläubigen nur im Einklang mit diesem System initiiert werden.
Die tendenzielle Hinwendung zum spirituellen und neu- religiösem in der westlichen Gesellschaft lässt vermuten, dass Kulte verschiedenster Couleur in Zukunft eine nicht zu unterschätzende Rolle spielen und damit auch vermehrt Thema in der psychologischen Beratung werden könnten.

Literaturverzeichnis

HASSAN, Steven: „Ausbruch aus dem Bann der Sekten", Rowohlt 1993

DECKERT, Bruno: „All along the Watchtower- eine psychoimmunologische Studie" V+R 2007

FRANZ, Raymond: „Auf der Suche nach christlicher Freiheit", Bruderdienst Missionsverlag Hamburg, 3. Auflage 2007

LIFTON, Robert J.: "Thought Reform and the Psychology of Totalism" 1961

STAMM, Hugo: "Sekten- im Bann von Sucht und Macht- Ausstiegshilfen für Betroffene und Angehörige" Zürich 1994

UNDERWOOD, Barbara & Betty: „Im Bann des Himmels", DTV 1985

KÖPPL, Elmar: „Die Zeugen Jehovas. Eine psychologische Analyse" 3. Auflage München 2001 von der Arbeitsgemeinschaft für Religions- und Weltanschauungsfragen

VOGT, Matthias: „Sehn- SUCHT. Der Zusammenhang zwischen Sucht und Sehnsucht", ISPA- Presse Lausanne 1994

MEUELER, Erhard: „Wie aus Schwäche Stärke wird- vom Umgang mit Lebenskrisen" Rowohlt, 1987

KIRCHMAYR& RINGEL: „Religionsverlust durch religiöse Erziehung- tiefenpsychologische Ursachen und Folgerungen" Herder, 5. Auflage, 1986

FROMM, Erich: „Die Kunst des Liebens", Ullstein 1979

LANGONE, Michael D.: „Recovery from Cults" , W.W. Norton & Company, 1985

ROHMANN, Dieter: "Mögliche Prädispossition einer Sekten- oder Kultmitgliedschaft", Diplomarbeit vorgelegt an der katholischen Universität Eichstätt, Lehrstuhl f. Psychologie

Ich versichere, die vorliegende Arbeit selbständig und ohne fremde Hilfe erstellt zu haben.

Marcus Zeller, 18.7.2009